Stamatios TZITZIS
Directeur de Recherche CNRS
Directeur adjoint de l'Institut de Criminologie
Université Panthéon –Assas (Paris II)
Professeur associé à l'Université laurentienne
(Canada)

Identité culturelle et humanisme,

De la Grèce Antique à l'Europe moderne

Buenos Books International
http://www.buenosbooks.fr

ISBN : 978-2-915495-87-4

1ère édition :

Editions Buenos Books International, Paris

http://www.buenosbooks.fr

buenosbooks@free.fr

Dépôt légal : dernier trimestre 2011

Introduction

La liberté créatrice de l'homme le pousse à bâtir son identité. Il acquiert par là une unicité qui atteste les spécificités de son existence comme personne. Mais cette identité se construit à partir des racines qui plongent dans l'histoire de ses ancêtres et dans son héritage culturel. Il n'y a pas d'identité sans histoire ni culture.

L'histoire est témoignage et identification de faits et de personnes. La construction de la personnalité atteste une identité individuelle à partir de l'attachement de l'individu aux valeurs léguées, celles qui l'ont nourri et celles qu'il a choisies de plein gré. En effet, le présent que nous choisissons est interpellé par le passé que nous héritons.

Si la personne, figure emblématique de la création, impose sa marque dans son espace vital comme agent démiurgique, elle ne le fait point isolée dans l'enclos de son individualité. A côté du *je* il y a un *tu* et un *lui* qui traduisent la coexistence de l'homme avec les autres, ses semblables, comme coauteurs de leur histoire et de leur culture.

Dans un monde où la personne humaine est érigée en valeur la plus élevée dans l'échelle existentielle, vivre ensemble représente un idéal, certes, fort souhaitable par tous, toutefois assez difficile à réaliser. Car si la raison le dicte, les sentiments l'empêchent. Pourquoi? Les sentiments n'inclinent pas au compromis que la raison reflexive veut concéder. Les sentiments veulent un homme qui ne déserte nullement son passé, pilier de l'identité personnelle.

Chaque continent et chaque pays ont leurs propres valeurs, sans exclure pour autant les valeurs qui sont semblables, compatibles ou contradictoires avec les autres pays ou continents. Chaque valeur représente un noyau de culture qui nourrit la personnalité de l'homme en vue de la construction de son identité.

Le cosmologiste ancien a aboli la distinction entre Grecs et Barbares pour rendre hommage au génie créateur de chaque homme. La globalisation, sous l'habit du cosmopolitisme postmoderne, donna le titre le plus noble à l'homme : personne. Au delà des nations, des classes, des couleurs, des conditions sociales, de l'intelligence individuelle, tous doivent jouir d'une égalité et d'une liberté existentielles irréductibles.

Dans les élans démesurés animés par la culture personnelle, l'homme a provoqué des catastrophes au plan national et international. Le cosmopolitisme postmoderne a engendré une crise grave qui a mis en cause son identité historique et en péril sa nouvelle identité. Dès lors, la personne risque d'être déracinée, de perdre l'authenticité de son existence, voire d'être ontologiquement défigurée.

Aujourd'hui, le progrès de l'humanité appelle les hommes à inventer un nouvel art de vivre, pour vivre ensemble et en paix. On ne peut le réaliser que si la prudence sert de guide. On ne peut l'appliquer que si la tolérance devient la règle principale. Le nouvel humanisme ne saurait réunir en harmonie le monde, si la clémence n'épouse pas l'équité, si la culture des uns n'embrasse pas la culture des autres.

Valeurs Classiques et Crise de l'Europe

Dans la crise qui sévit actuellement en Europe, nous discernons deux failles: l'une, la plus évidente qui est celle des valeurs économiques et monétaires, et l'autre plus opaque mais plus profonde qui concerne ses valeurs culturelles. Par culturelles, j'entends les valeurs ontologiques, existentielles donc sociales et éthiques qui sont à l'origine de la fondation de l'Europe. Elles représentent sa mémoire historique et constituent son patrimoine identitaire. Mais la postmodernité est une époque de déconstruction des valeurs fondamentales qui ont nourri l'édifice des nations composant le vieux continent.

Une des valeurs déconstruites est la métaphysique transcendante qui prône entre autres la morale des devoirs envers autrui au-delà du profit personnel. Ainsi le code des principes moraux, déterminant les choses de la vie, est remplacé par une morale pragmatique donnant la priorité aux chiffres du pari et du gain qui assurent un train de vie hédonistique: l'idéal pragmatique traduit le pouvoir du statut social de l'individu, renforcé par les plaisirs du luxe. L'éthique de ce pragmatisme est centrée sur l'égo hypertrophique qui cherche, indifférent à toute forme de nihilisme existentiel, sa satisfaction dans l'éphémère de la vie. Toute manière de vivre est interprétée en fonction de ses conséquences utilitaires[1]. Ainsi, tout ce qui ramène à soi est bon et tout moyen qui mène à la prospérité matérielle est louable. En revanche, tout ce qui prive et contrarie les jouissances personnelles est considéré comme un mal. Certes, dans cette humanité européenne, des exceptions existent qui n'invalident pas pourtant la règle générale. Je vais être plus précis.

La postmodernité se révèle, par sa tendance de déconstruction des valeurs existentielles, comme une époque d'avant-garde. Elle a renversé les différents systèmes des valeurs classiques qui ont traversé depuis des siècles l'histoire des nations européennes et à leur place, elle a mis des idées nouvelles tout en essayant, malgré tout, de réactualiser les idéaux d'antan constituant les racines du vieux continent. Dans cette perspective, elle a créé un nouveau panthéon axiologique assez éclectique et novateur. Malgré ses vertus, le nouvel ordre fut ébranlé par des conjonctures sociales et politiques difficiles pour les pays européens, individuellement et globalement. Ses activités ont entraîné une profonde crise économique dont les victimes se sont avérées être les classes populaires. Car, si en des moments d'euphorie et de prospérité nationale, il y un petit nombre de citoyens qui en est bénéficiaire en raison de sa situation privilégiée,

---

[1] Cf. W. JAMES, *Le Pragmatisme*, Paris, Le Monde /Flammarion, 2010, p.101.

c'est surtout la majorité des classes moyennes qui est appelée à porter le fardeau des conséquences.

Toutefois, la postmodernité ne saurait oublier les grandes catastrophes dues à l'*hybris*[2] d'un pouvoir paranoïaque et narcissique qui méprisa l'humanité individuelle, notamment en hiérarchisant les spécificités humaines et en mettant l'utilité amorale à la place du mérite individuel. La leçon fut qu' une morale pragmatique, non seulement irrespectueuse de la personne mais aussi indifférente aux infortunes de chaque vie humaine, ne saurait exister et prospérer sans un minimum d'humanisme et de solidarité. Il faudrait dès lors une nouvelle définition de l'homme, qui traduise sa place en société et ses fonctions utilitaires dans l'univers des valeurs économiques et monétaires. Il s'est avéré que toute éthique pragmatique ne saurait, pour se maintenir, négliger la protection des hommes au-delà de leurs origines et de leurs spécificités.

Actuellement, la pléthore des actes juridiques nationaux et internationaux qui affirment, sans équivoque, la primauté de la dignité de l'homme et des droits qui lui sont attachés, témoigne de la prise

---

[2] Il s'agit de la démesure issue de la paranoïa narcissique des hommes qui se sont pris pour des stratèges providentiels de l'humanité et ont essayé d'imposer une idéologie violatrice des droits fondamentaux de la Nature et de l'Humanité.

en charge de la précarité et de la vulnérabilité de la personne postmoderne.

Dans la Déclaration Universelle de 1948[3], la définition du statut existentiel de l'homme comme personne ayant une dignité inhérente à son être en tant qu'homme[4], constitue un tournant décisif du personnalisme postmoderne. L'humanité tout entière y est peinte comme une grande famille régie par le principe de la fraternité, donc par une solidarité qui fait de l'autre, de l'étranger, un parent proche.

Il faut avouer que ce personnalisme sert d'assise à la mondialisation pour humaniser son visage pragmatique, favorisant ainsi une société ouverte à l'immigration surtout pour des raisons utilitaires. Or, l'organisation d'un marché sans frontières pour une économie prospère, favorise le multiculturalisme, donc la politique d'une société métissée à l'échelle planétaire. Appliquée à l'Europe, elle signale le glas de l'idée traditionnelle de nation et inaugure la formation des nouveaux modèles de société. C'est là un défi à l'histoire et

---

[3] Il importe de remarquer qu'en France, le Conseil Constitutionnel ne reconnaît pas de statut juridique positif à la Déclaration de 1948, alors que celle de 1789 est, depuis 1971, de valeur constitutionnelle.

[4] Cf. l'article 1:«Tous les êtres humains naissent libres et égaux en dignité et en droits. Ils sont doués de raison et de conscience et doivent agir les uns envers les autres dans un esprit de fraternité».

aux valeurs de l'Etat–nation qui suscite la question de la redéfinition de l'identité de l'homme et du citoyen. Il ne serait pas donc inexact de soutenir que la crise de l'Europe monétaire et économique renvoie directement ou indirectement à une crise culturelle. Nous pensons dès lors que la crise de l'Europe, en termes de crise d'une Union de marché commun, entraîne la crise des valeurs traditionnelles du vieux continent.

A. Du différent à l'unifié

De grands visionnaires ont imaginé dans leurs inspirations une Europe plus riche, plus complexe et plus variée qu'un simple marché commun: une Europe avec des peuples réunis en vue de coopérer dans des domaines autres que les domaines économiques, commerciaux et monétaires. Dans ce but, il était question et il est toujours question de circonscrire une identité européenne comme symbole d'unité dans la diversité de ses peuples et de leurs cultures. Car il est extrêmement difficile de coopérer et de progresser en heureuse symbiose avec les autres sans avoir conscience d'appartenir à un espace commun, en portant le poids des traditions communes. Je fais allusion au multiculturalisme qui concerne les pays européens de cultures différentes.

Mais parler de «cultures différentes» n'équivaut pas à se rapporter à des traditions différentes. Une tradition peut en effet comprendre plusieurs cultures; elle peut servir d'assise à des cultures différentes; elle peut contribuer à leur exploitation et leur développement tout en les enrichissant au contact l'une de l'autre dans leur inspirations et leurs entreprises, tant artistiques qu'intellectuelles. Si, théoriquement, les problèmes du multiculturalisme peuvent recevoir des réponses satisfaisantes, dans la pratique, leurs solutions rencontrent souvent des complications diverses. Car on a tendance à prévoir les réactions modérées et prudentes d'un homme raisonnable qui s'efforce d'apporter des résolutions sages et adéquates aux problèmes graves du multiculturalisme. Pourtant, l'être humain réagit très souvent porté plus par la force de ses passions, de ses inclinations et de ses sentiments que par les dictats d'une raison mesurée. Il ne serait pas inexact de soutenir que la raison raisonnante fonctionne avec beaucoup d'efficacité dans les calculs utilitaires et pragmatiques, alors que les émotions ont plus d'emprise dans le domaine de l'éducation culturelle ayant trait aux racines de la personne humaine et par là à son identité historique.

Aujourd'hui, à la manière de l'Amérique, l'Europe tend à donner l'image d'un continent uni, comprenant un brassage de plusieurs peuples d'origines et de cultures différentes. Cette tendance est soutenue par des calculs économiques, et par des projets pragmatiques traduisant les nouveaux enjeux mercantiles et commerciaux qui prédominent dans la postmodernité[5].

En effet, la conception marchande des choses de la vie a atteint un niveau très élevé. Dans le même temps, existe la peur de voir la personne humaine instrumentalisée par les exigences du marché. Cette peur étant inspirée par l'idéal de la personne kantienne dont la dignité est irréductible: l'homme ne saurait être un moyen mais une fin, un être dont la dignité est sans prix[6]. On pourrait rapprocher cette considération de la personne de celle qui émane de la Déclaration universelle des

---

[5] Voir le Projet "METISSAGE INTERCULTUREL ET EUROPEEN (2009)" financé par le Fond Social Européen. Ce projet a pour objectif de «favoriser l'inclusion socio-économique des migrants en faisant de l'interculturalité un atout différenciateur sur le marché du travail». En particulier le projet est soutenu par trois acteurs européens: l'Institut d'Etudes et de Développement de Lisbonne (Portugal), l'entreprise Profirmus de Bruxelles (Belgique) et l'organisme non-gouvernemental Plate-Forme Migrants et Citoyenneté Européenne basé à Paris (France), et en étroite collaboration avec des professionnels des ressources humaines, Marwett et Sigmund (France), ...vise à positionner la diversité culturelle au cœur de la réussite à la fois des migrants et des opérateurs économiques».

[6] E. KANT, *Fondements de la Métaphysique des Mœurs,* Paris, Classiques de Poche, 2001, p. 113.

droits de l'homme de 1948, où la dignité humaine représente la plus haute des valeurs personnelles.

L'esprit de la Déclaration universelle de 1948 tire particulièrement sa vigueur de l'idée de dignité humaine. Nous lisons dans son préambule: «*Considérant* que la reconnaissance de la dignité inhérente à tous les membres de la famille humaine et de leurs droits égaux et inaliénables constitue le fondement de la liberté, de la justice et de la paix dans le monde». Cette Déclaration inaugure par là une solidarité sans frontières entre tous les êtres humains comme membres de la même famille, c'est-à-dire de l'humanité tout entière. A notre avis, cette conception se fait l'écho de la morale stoïcienne et notamment de celle de Sénèque: «Je vivrai avec la conscience que je suis né pour les autres et j'en rendrai grâce à la nature: comment, en effet, aurait-elle pu mieux protéger mon intérêt?»[7]. «La nature m'a donné d'être utile aux hommes: qu'ils soient esclaves ou libres. Partout où il y a un homme, il y a place pour un bienfait»[8]. Plus encore, Sénèque précise que «le monde est ma patrie»[9]. Or, l'Europe, avec le métissage de tous les peuples, se rapproche de l'édification culturelle de l'Amérique qui consiste en un *melting-pot* de toutes sortes de cultures.

---

[7] SENEQUE, *La Vie Heureuse*, Paris, Arléa, 2001, p. 60-61.
[8] *Ibid.*, p.71.
[9] *Ibid.*, p. 61.

Dans le vieux continent, il est question de réaliser une communauté générale composée de nombreuses cultures à partir de l'idée de *citoyen*. Ce concept, riche mais fragile, connaît un grand succès[10]. Le vocable devient alors polysémique. A la fois substantif et adjectif, il évoque la place légitime de tout être dans le monde, à l'abri du racisme et de la xénophobie. Il évoque la philanthropie pour tout individu vulnérable et la solidarité de chacun pour tous et *vice-versa*. Mais dans son sens hautement juridique, il représente le réceptacle des droits individuels, civils et politiques. Il devient par là l'infrastructure qui fonde une société multiculturelle et qui esquive l'écueil d'un communautarisme replié sur lui-même. Le citoyen renvoie à l'engagement de tous dans un projet collectif; celui du rassemblement républicain. Le principe qui domine est celui de l'égalité juridique (égalité devant le droit formel). Il suggère ainsi qu'au delà de toute différence anthropologique et culturelle, il est possible de créer une société sans la mise en évidence des particularismes de chaque citoyen. C'est ainsi que l'on pourrait réaliser et maintenir la cohésion sociale. Dès lors, la formation d'une identité européenne doit passer par un modèle humaniste républicain.

[10] *D. SCHNAPPER,* (avec la collaboration de Christian Bachelier) *Qu'est ce que la Citoyenneté*? Paris, Gallimard, 2000.

En effet, l'idéal de l'unité européenne, malgré ses aspects fonctionnaliste, économique et mercantile, atteste des valeurs humanistes fondamentales qui s'expriment par le respect et la protection de la personne humaine, l'amour de la démocratie et l'état de droit assurant ainsi la primauté des droits fondamentaux dans les rapports sociaux; ce qui a été confirmé par le traité de Lisbonne[11]. L'identité européenne est alors envisagée dans une perspective de valeurs universalistes.

Dès lors, dans cette Europe postmoderne, les traditions historiques d'un peuple qui lui ont permis de forger une morale en vue de s'épanouir et de tisser des liens avec d'autres communautés et pays dans son voisinage, cède sa place à l'humanitaire. Celui-ci traduit l'éthique de la proximité[12], le

---

[11] Voir par exemple l'article 5ter qui dispose:« Dans la définition et la mise en œuvre de ses politiques et actions, l'Union cherche à combattre toute discrimination fondée sur le sexe, la race ou l'origine ethnique, la religion ou les convictions, un handicap, l'âge ou l'orientation sexuelle». Il est à signaler que le traité de Lisbonne a été signé le 13 décembre 2007 à Lisbonne entre les États membres de l'Union européenne. Il a transformé l'architecture institutionnelle de l'Union.

[12] Voir Le numéro 34/ 2008, de *la Revue Psychosociologie*, consacré à l' Ethique de la

rapprochement de l'autre dans le respect de sa personne, indépendamment de ses racines et de ses croyances[13]. En particulier, l'humanitaire accuse la morale du *pathos* au double sens du mot:passion et souffrance. Passion d'amour et d'amitié pour l'autre, notamment pour l'homme vulnérable ou sinistré, donc passion agissante pour alléger la souffrance de l'autre. Désormais, la culture cesse d'être spécificité et mémoire des racines; elle devient développement des rapports fondés sur la proximité de l'autre. Il ne s'agit pourtant pas de n'importe quelle proximité (comme le bon voisinage) mais de celle qui nécessite un effort incessant pour accueillir l'autre en vue de partager ses infortunes[14], c'est-à-dire de s'impliquer avec bienfaisance dans son avenir.

Proximité, (s.l.d.) L. BIBARD, M. THEVENET et C. BOURION, Paris Eska, 2008.

[13] Cf. P. MICHELETTI, *Humanitaire: s'adapter ou renoncer*, Paris, Editions Marabout, 2008. Cet auteur développe plusieurs aspects intéressants d'une éthique humanitaire engagée.

[14] Idée fondamentale que développe E. LEVINAS dans ses livres: *Totalité et infini*. M. Nijhoff, 1961 (nouv. éd. LGF, 1990); *Autrement qu'être ou au-delà de l'essence*. M. Nijhoff, 1974 (nouv. éd. LGF, 1990); « Dieu et la philosophie » in *De Dieu qui vient à l'idée*. Vrin, 1982 (nouv. éd. Vrin, 1986 et 1992); « La trace de l'autre », in: *En découvrant l'existence avec Husserl et Heidegger. Suivi d'Essais nouveaux*. Vrin, 1974 (nouv. éd. Vrin, 1982, 2001), lee premier texte étant paru en 1949.

L'humanitaire postmoderne va ainsi de pair avec l'idée d'hospitalité.

Or, cette hospitalité prône un nouveau cosmopolitisme humaniste. Il s'efforce de faire abstraction des diversités culturelles qui divisent les peuples, se centrant sur le respect et l'intégrité de toute personne considérée comme une altérité autonome dont la dignité est irréductible. Plus encore:il s'engage à écarter tout héritage culturel qui revendique le droit de détenir l'hégémonie culturelle du vieux continent. Il se révèle par là comme une partie intégrante d'un personnalisme laïque humanitaire:reconnaître en l'autre la parenté qu'il a avec moi en tant que personne humaine, sans qu'il soit ma copie conforme[15]. Ce cosmopolitisme vise ainsi à reconnaître et à apprécier l'autre en tant qu'autre. Concilier la communauté et l'altérité, l'identité et les différences, trouver l'universel dans le particulier et le particulier dans l'universel, c'est là non seulement la définition d'une dialectique personnaliste, mais encore la condition de tout dialogue bienfaisant.

---

[15] Cf. P. HASSNER, «Le Cosmopolitisme entre Chaos et République», *Revue de synthèse*: 5e série, 2002, p. 193-199 et notamment p. 198.

B. Au delà des apparences: une crise des valeurs

L'identité européenne ne représente pas quelque chose de figé et d'inaltérable. Elle ne s'est pas non plus créée *ex nihilo*. Elle a un caractère historique. Elle s'est développée dans le temps, témoignant des exploits des peuples du vieux continent et elle continue à évoluer. Toutefois, évoluer ne signifie point s'aliéner. L'identité implique le sentiment et la conscience d'appartenir avec d'autres à un espace de valeurs fondamentales communes, valeurs qui ont forgé l'idiosyncrasie historique de chaque peuple européen. Il n'est donc pas possible de créer une nouvelle identité artificiellement ou par convention comme le souhaitent certains nouveaux constructeurs de l'Europe. L'identité de l'Europe est fondée sur les valeurs historiques qui la traversent et qui sont supérieures à toute volontarisme éthique ou juridique[16]. Ces valeurs impliquent une mémoire indélébile qui ne saurait être écartée, que de façon provisoire et pour cause[17]. On ne peut pas effacer ce

---

[16] Cf. M. GALLO, *L'Ame de la France* , Pris, Fayard, 2007.

[17] Ce qui a été fait est hors de notre portée. En revanche, nous pouvons influer sur le présent et l'avenir.

qui a fait l'histoire d'un peuple, d'une nation[18] ou d'un continent sans déclencher une crise des valeurs qui déstabilise les rapports humains et l'ordre étatique. En d'autres termes, actuellement, une identité européenne ne pourrait être élaborée qu'à partir des traditions et des valeurs qui sont à son origine. Je m'explique:

L'article 2 du traité sur l'Union européenne (TUE) -traité de Maastricht- dispose: «L'Union est fondée sur les valeurs de respect de la dignité humaine, de liberté, de démocratie, d'égalité, de l'État de droit, ainsi que du respect des droits de l'homme, y compris des droits des personnes appartenant à des minorités. Ces valeurs sont communes aux États dans une société caractérisée par le pluralisme, la non-discrimination, la tolérance, la justice, la solidarité et l'égalité entre les femmes et les hommes». D'autre part, la Charte des droits fondamentaux reprend les mêmes valeurs en des termes analogues: «La Charte des droits fondamentaux de l'Union européenne reprend en un texte unique, pour la première fois dans l'histoire de l'Union européenne, l'ensemble des droits civiques, politiques, économiques et sociaux des citoyens européens ainsi que de toutes les personnes vivant sur le territoire de l'Union.

---

[18] Y. LACOSTE, *Vive la Nation. Destin d'une Idée Géopolitique*, Paris, Fayard, 1998.

Ces droits sont regroupés en six grands chapitres :

- Dignité
- Liberté
- Egalité
- Solidarité
- Citoyenneté
- Justice ».

Force est de constater qu'il s'agit d'énoncés positifs mais d'une grande généralité, qui pourraient s'appliquer à bien d'autres pays ou ensembles régionaux dans le monde. Toutefois, l'Europe a des spécificités qui la font se distinguer des autres continents et dont la mise à jour demeure toujours actuelle. Ce qui fait son unité à travers la diversité des cultures nationales. Celles-ci remontent aux mêmes traditions de l'Europe garantissant ses valeurs propres.

En effet, les idées et les termes que nous venons d'évoquer ont été formés et développés dans l'Antiquité grecque. J'évite d'employer les verbes *inventer* ou *découvrir*. Des civilisations plus anciennes en avaient sans doute fait usage. Mais ce qui est extraordinaire, c'est le prisme sous lequel ils ont été conçus, étudiés et appliqués. La Grèce découvre le *logos* dialectique; toute pensée ontologique ou phénoménologique avant la lettre est tamisée dans le moule de ce *logos*. Raison et parole, il est à la base de la sociabilité de l'être humain et fondateur de ses communautés. Car vivre en *koinônia* (société) signifie pour les Hellènes, vivre en proximité avec les autres. Ainsi le *logos* se révèle comme le facteur dynamique de la réalité sociale et étatique (politique). En effet, la *polis* (l'Etat grec) réalise le mode de vie selon lequel l'organisation des institutions se vérifie comme réalité naturelle et durée politique. Le citoyen européen est profondément marqué par cette dimension.

Suite à ce *logos*, la signification et la mise en valeur de la dialectique dans les rapports sociaux, est le produit de l'hellénisme qu'empruntent les Romains pour donner un nouveau souffle au droit. Ils imitent les Grecs dans tous les domaines, notamment dans ceux des lettres et des arts, tout en apportant des innovations. Cicéron rédige des traités de morale et de droit à la manière de Platon: *La République*, *Les Lois*, *De l'Amitié* en sont les meilleurs exemples. Sénèque développe tout un existentialisme frappé du rationalisme d'Euripide. Il composera des tragédies comme *Iphigénie* et *Médée* en imitant le dramaturge grec. Marc-Aurèle se révèle éclectique faisant de ses *Pensées* un réceptacle des trésors intellectuels des Hellènes. Bien que romain, il écrit en grec.

La culture européenne repose sur l'*antécédent* servant de *paradigme*. L'histoire de l'Europe est dès lors fondée sur la tradition gréco-romaine que les Pères et les doctes de l'Eglise (Saint Anselme, Saint Ambroise, Saint Augustin, Saint Thomas) marieront avec les idéaux judéo-chrétiens. En effet, pour ces sages, l'hellénisme comme promoteur de valeurs métaphysiques et morales ne s'oppose pas à la Révélation. Les idéaux gréco-romains mesurés à l'aune du fini seront enrichis et complétés par la Transcendance judéo-chrétienne. Donc, entre Païens et Chrétiens, il y continuation et non pas opposition.

Suivant cet ordre de réflexion, l'idée de dignité dans ses dimensions ontologique et existentielle remonte à la *mimésis* (imitation) *divine:* l'appréhension de l'homme à l'image d'un Dieu personnel. L'égalité existentielle et la tolérance tirent leur racines du principe fondamental judéo-chrétien: «Aime ton prochain comme toi même»; ce qui sert de surcroît d'assise au personnalisme d'aujourd'hui.

C. Valeurs classiques et tradition moderne

La morale postmoderne vient directement des sources des Lumières et notamment de la Révolution française qui anima l'esprit des pays balkaniques. En effet, ceux-ci étaient inféodés à l'empire ottoman, décidé à islamiser par la paix ou par la force les nations conquises. Certes, leur révolution visait leur libération du joug de l'oppresseur, mais il y allait également de la sauvegarde de leurs racines et de leur culture. Leur révolution était à la fois nationale et culturelle, car ils étaient porteurs de valeurs qui s'opposaient à celles du conquérant[19]. Donc, il ne serait pas inexact de soutenir que les racines des cultures balkaniques se situent aux antipodes des valeurs ottomanes qui sont étrangères à l'esprit des Lumières, nourrice de la modernité européenne.

En effet, les intellectuels des Lumières, dans le développement de leurs thèses, s'inspirent grandement d'Athènes et de Sparte. D'Athènes, pour les fondements de la Démocratie et de Sparte, pour le patriotisme et la discipline. Ainsi, si la logique moderne s'écarte assez sensiblement de la logique ancienne, dans l'évolution de la culture européenne, il est pourtant impossible à cette culture d'oublier ses racines.

La solidarité et l'humanitarisme postmoderne remontent ainsi aux idées stoïciennes de bienveillance, de sympathie et de sociabilité qui seront transmises à Rome pour se développer à travers l'idée de *benevolentia*[20] *ou* de *caritas*[21]. Les partisans du droit naturel théologique ou laïque tels

---

[19] Cf. *La Perception de l'Héritage Ottoman dans les Balkans*, (s.l. dir. S. GANGLOFF), Paris, L' Harmattan, 2005.

[20] Cf. CICERON, *In Verrem Actio* 5, 160; *Laelius*, ou *De Amicitia*, 22 ; 61.

[21] Cf. CICERON, *De Finibus*, III, XXI, 69.

Bodin, Grotius, Pufendorf lui réservent un droit de cité dans leur morale juridique[22].

Si l'idée de solidarité renvoie aujourd'hui à l'égalité de chacun en tant que personne humaine, le citoyen comme cosmopolite -citoyen du monde-, vient directement de la tradition gréco-romaine. Il est vrai que l'humanisme classique, celui qui fleurit au sein de la *polis* (la cité grecque), repose sur la distinction entre Grecs et Barbares, hommes libres et esclaves. Toutefois, Antiphon[23], et à sa suite les Stoïciens deviendront les avocats de la suppression de cette distinction[24]. Nous ne pouvons pas ne pas y voir des affinités avec la conception des hommes comme étant membres de la même famille -l'humanité tout entière- qu'énonce la Déclaration universelle de 1948.

De plus, le multiculturalisme est un phénomène dû aussi à la prédisposition de l'Europe

---

[22] Voir dans notre livre, *Introduction à la Philosophie du Droit*, Paris, Vuilbert, 2011, le chapitre 16.

[23] Antiphon, (480-410), est l'un des dix grands orateurs attiques. Il est important de mentionner que pour des commentateurs contemporains, Antiphon le sophiste n'est pas la même personne qu'Antiphon le logographe. Toutefois, plusieurs spécialistes soutiennent, d'après des découvertes papyrologiques récentes, que le sophiste et l'orateur ne font qu'un.

[24] Cf. CICERON, *De Finibus*, III, XX, 67-69

à être un continent hospitalier. Le droit d'asile[25] en constitue un éloquent témoignage. Faut-il rappeler ici l'importance particulière que les Hellènes assignaient à l'institution de l'hospitalité[26]? L'étranger (*xénos)* et notamment le suppliant (*hikétès*) jouissaient d'une protection particulière dans la cité grecque. Il s'agissait d'un principe de justice dont le caractère était sacré. Sa violation constituait à la fois une injustice et une impiété. En effet, l'étranger qui demandait refuge se mettait sous les auspices de Zeus qui portait le qualificatif x*énios:* hospitalier[27]. Or celui qui se montrait irrespectueux envers les hôtes[28] suppliants connaîtrait sans faute le courroux divin. La tolérance trouvait ici un terrain propice pour se développer.

---

[25] Le droit d'asile, en tant que valeur éthique est à distinguer du droit de l'asile: ensemble de règles juridiques (internationales, nationales, législatives, jurisprudentielles...) qui mettent en œuvre l'idée d'asile telle qu'elle se conçoit à chaque époque et dans chaque pays. Voir, F. CREPEAU, *Droit d'Asile : de l'Hospitalité aux Contrôles Migratoires*, Bruxelles, Bruylant, 1995; A. DECOURCELLE-S. JULINET, *Que reste-t-il du Droit d'Asile ?*, Paris, L'esprit frappeur, 2000.

[26] J. DUFRESNE, *La Démocratie Athénienne. Miroir de la nôtre*, Paris, Bibliothèque de L'Agora, 1994.

[27] Cf. ESCYLE, *Les Suppliantes*, v. 346; 670-671.

[28] Cf. ESCHYLE, *Les Suppliantes*, v . 349; 701; 713; EURIPILDE, *Les Suppliantes*, v. 930.

Cette tolérance atteindra son plein essor avec l'idée de l'amour christique qui abolit la distinction entre hommes circoncis et non circoncis, donc entre purs et impurs et qui, dans le cas du Salut, ne donnera aucune priorité aux fidèles d'une religion quelconque [29].

D. Humanitarisme européen et *melting-pot* américain

L'esprit humanitaire qui domine dans l'Europe favorise l'accueil de l'autre, prêche la tolérance et le multiculturalisme fondés sur la laïcité (positive ou non)[30]. Comme un des facteurs importants pour l'intégration des familles des immigrés, le droit du sol s'est substitué au droit du sang[31]. L'Europe, comme continent d'accueil, aspire à établir une identité européenne au delà de toute culture et au défi de l'histoire. Mais le terme *identité* renvoie à plusieurs présupposés. D'abord à la

---

[29] *Romains* 2, 28-29, adapté de Deutéronome 10, 16-17 et 30, 6; 2 *Corinthiens*, VII, 19

[30] Il n'est pas sans intérêt de lire la thèse de S. ZIZEK, *Plaidoyer en faveur de l'intolérance*, Climats, 2004, qui présente le multiculturalisme comme une idéologie du capitalisme.

[31] Avec l'évolution sociale et économique des XIXe et XXe siècles, et surtout les flux migratoires massifs vers les Amériques et vers l'Europe occidentale, le droit du sol va progressivement s'imposer dans de plus en plus de pays.

réalisation d'une fédération[32] ou d'une confédération[33] d'Etats, ensuite, à la question de la souveraineté nationale et enfin, à la distinction entre nationalité et citoyenneté.

Ceux qui aspirent à la formation d'une identité européenne à partir d'un *melting-pot* de citoyens[34], font prévaloir l'image de l'Amérique multiculturelle[35]. Il faut pourtant mettre en parallèle des cas qui sont comparables. Les Etats-Unis[36], avant d'apparaître comme un ensemble d'Etats réunis, n'avaient pas l'histoire millénaire de l'Europe qui a forgé les spécificités propres à chaque État fédéré. Des immigrés de tout bord sont venus former un ensemble d'Etats, unis avec la conscience d'inaugurer l'histoire d'un nouveau

---

[32] Toute fédération demande une abdication partielle de la souveraineté nationale en faveur d'une autorité commune.

[33] Une confédération semble préférable parce qu'elle maintient la souveraineté nationale.

[34] G. NOIRIEL, *The French Melting Pot: Immigration, Citizenship, and National Identity,* University of Minnesota Press, 1996.

[35] D. LACORNE, *La Crise De L'identité Américaine - Du Melting-Pot Au Multiculturalisme* Paris, Fayard, 1997.

[36] Cf. H. HARTIER, *L'Amérique*, Paris, Le Cavalier Bleu, 2001.

monde. L'Américanisme en est venu à ressembler plus à une *religion politique* qu'à incarner une identité spécifique. A partir d'une conversion de tous à cette religion politique, se sont formées son histoire et sa culture.

L'Europe s'inscrit dans un tout autre registre. Chaque pays, même s'il se propose d'adopter une nouvelle conscience européenne commune, possède déjà sa propre conscience nationale. Certaines nations, comme les Balkans, ont payé un trop lourd tribut pour sauver leur histoire et leur culture propre auprès des oppresseurs ottomans. On pourrait alors envisager une identité nationale à partir des traditions communes aux pays européens. Cependant, former une identité européenne à partir d'un *melting-pot* de cultures sans affinités, voire des cultures opposées, cela nous semble extrêmement difficile.

Force est d'admettre qu'il n'est pas difficile d'établir une identité européenne à partir de la reconnaissance solennelle de tout homme né sur le territoire d'un pays européen ou par le biais de la naturalisation. A mon avis, cette identité ne serait pas ainsi formée à partir de la nationalité mais de la citoyenneté. Quelle est la différence entre ces deux notions? La nationalité accuse l'acceptation des valeurs historiques et culturelles du pays qui l'accorde, alors que la citoyenneté signale la réception officielle d'un étranger comme citoyen de son pays d'accueil. Contrairement à la nationalité, la citoyenneté ne demande pas forcément l'adoption de l'héritage de ce pays, ni l'engagement, pour son bénéficiaire, de suivre le cours du destin national dans le respect des valeurs traditionnelles qui soutiennent et assurent progrès du pays adoptif. Elle accuse, tout simplement un acte de volonté pour adhérer aux institutions légitimes de ce pays.

Celui qui possède dès lors la nationalité, suit le cours de l'ordre des choses qui déterminent l'évolution de son pays, à partir du respect de son histoire et de sa culture propres. Il s'efforce ainsi de contribuer au développement de ses valeurs traditionnelles qui servent de piliers à l'identité historique du pays. Il respecte le passé, il vit le présent et il lutte pour l'avenir sans avoir le dessein d'affaiblir l'édifice national en pratiquant des valeurs qui sont étrangères voire opposées à la sauvegarde de cet édifice.

Celui qui possède la citoyenneté, se situe au niveau de la jouissance des droits réservés aux citoyens de son pays d'adoption. Il est dès lors tenu d'accomplir les obligations que prévoit le droit officiel. La citoyenneté ne crée pas *a priori* d'obligations juridiques vis-à-vis du patrimoine culturel et historique du pays d'adoption. Elle peut exiger éventuellement de remplir des devoirs moraux. D'ailleurs, il n'est pas rare que les citoyens d'adoption (sans pour autant exclure les citoyens de droit du sang), de différentes cultures, s'efforcent d'imposer des coutumes ancestrales qui défient la culture nationale.

Aujourd'hui, la citoyenneté, soutenue par la philosophie des droits de l'homme, s'est imposée dans les Etats de droit européens. Elle désigne même un trait fondamental du personnalisme politique postmoderne. Toutefois les problèmes actuels engendrés par le multiculturalisme sont nombreux et complexes. Dans ce contexte, la nationalité, comme fruit du sentiment national, revient avec grande force comme une manière appropriée pour définir les racines historiques et les valeurs communes qui embrassent une identité en perte de vitesse.

Les avocats d'un multiculturalisme de *melting pot* s'évertuent souvent à concilier des modes de vie différents, peu conciliables entre eux. Ils veulent faire inclure dans une notion transparente et trop générale: le citoyen, l'idée de natif qui est d'une grande densité ontologique, historique et culturelle. Si le citoyen est susceptible d'avoir une vie privée séparée de la vie publique, en revanche le natif ne pourrait se concevoir que dans l'unité de ses dimensions historique et étatique, sinon on risquerait d'opérer une dichotomie chez le natif entre entité juridique et entité éthique. Car, s'il est possible, dans un esprit de bienveillance et de générosité, de créer une réalité juridique par l'intervention des normes de droit, il est quasi-impossible de changer le cours historique des choses qui forgent l'éthique du caractère individuel, même si l'on fait preuve d'une grande tolérance. En effet, l'adjectif éthique vient de *l'èthè* les coutumes -usages[37], impliquant les racines qui font qu'une personne forme et exprime ses orientations historico-culturelles dans le monde. Or toute dichotomie existentielle de la personne humaine finirait par engendrer des tensions, des discordances et pourrait même susciter des révoltes. Car elle révèle la pathologie nationale qui provoque la crise des valeurs traditionnelles. Plusieurs exemples tirés des faits divers internationaux confirment, hélas, cette hypothèse.

E. Effets d'une crise multiculturelle: quelques paradigmes

L'histoire des Pays-Bas révèle ce pays comme un Etat des plus tolérants de l'Europe. Il est certain que la Hollande a octroyé sans parcimonie le droit d'asile aux protestants et aux juifs persécutés par l'Eglise catholique. Et aujourd'hui, en matière de multiculturalisme, les Pays-Bas se sont montrés très généreux envers les immigrés de cultures différentes. Ils ont encouragé le développement de la culture des pays d'origine. Malgré tout, le paradigme hollandais a sonné deux fois le glas: a) lors de l'assassinat de Pim Fortuyn (6 mai 2002)[38], une personnalité des plus importantes de l'histoire

---

[37] HESIODE, *Oeuvres et Jours*, 136; HERODOTE, *L'Enquête*, 2, 30.

[38] Voir *Le Monde* du 5-7-2002.

de Hollande, et b) lors de la décapitation du Theo van Gogh (2 novembre 2004)[39] par un citoyen de culture étrangère aux traditions hollandaises, dans des conditions barbares qui inspirent une véritable horreur. Les Néerlandais ont vécu sans doute ce malheureux évènement comme une atteinte à leurs racines. D'ailleurs, le rejet d'une constitution européenne à 61,6% [40] trois jours après le rejet de la même constitution par les Français (29 mais 2005), traduit le malaise culturel que vivent les Hollandais.

Des sentiments analogues ont sans doute poussé les Suisses, interrogés par référendum au mois de novembre 2009, à approuver l'interdiction de construire, dans la Confédération, de nouveaux minarets ornant les mosquées[41], à une majorité écrasante de 57,5%. Cet événement, qualifié, de la part d'un certain monde politique, comme une forme d'intolérance et d'oppression d'une religion, exprime le malaise d'un peuple qui considère que les grandes idées européennes, nourrices de la morale postmoderne, risqueraient d'être démenties par une culture qui s'efforce de les dépasser.

Il très fâcheux, en effet, malgré la bonne volonté et les tentatives d'une cohabitation de plusieurs cultures différentes, de voir qu'il y a une opposition radicale créant des frontières presque

---

[39] *Le Monde* du 10-11-2004.
[40] *Le Monde* du 2/06/2005.
[41] Voir *Le Point.fr* - Publié le 29/11/2009.

infranchissables pour leur bon ménage. La faute n'incombe à personne. Chaque peuple détient la légitimité de se comporter conformément à sa nature, forgé et nourri par ses sources traditionnelles. La politique qui consiste à contrevenir au cours de l'histoire des peuples en vue de faire des amalgames culturellement hétéroclites, est très souvent vouée à l'échec. La chancelière fédérale, s'exprimant à Postdam devant les jeunes de l'Union des démocrates-chrétiens, avoua que le multiculturalisme a échoué en Allemagne[42]. Plus précisément, cette chancelière a estimé que sans intégration, il ne saurait exister de bonne symbiose entre populations d'origines culturelles différentes.

Malgré tout, nous pensons qu'il ne serait pas impossible de marier plusieurs cultures différentes sans affinités avec celles de l'Europe, cultures certes différentes mais ouvertes à la réception des valeurs traditionnellement européennes; dans ce cas, une intégration pourrait être envisagée et réussir. Il y a pourtant des conditions à remplir et des compromis à faire. En particulier, si l'étranger ou l'immigrant se refusaient à faire des efforts pour s'adapter au contexte culturel de son pays d'accueil, ni l'intégration et à plus forte raison, ni l'assimilation ne sauraient se réaliser.

---

[42] *L'Express.fr* du Samedi 5 février 2011.

Epilégomènes

Pour en finir, ayons recours au rapport du Haut Conseil à l'intégration qui a fait une douloureuse expérience. Voici que ce qu'il a constaté:

«A tous les niveaux de la scolarité, les témoignages recueillis par le HCI font état d'obstacles croissants.

Ainsi, il n'est plus rare que, dès l'école primaire, des parties du programme soient refusées:

alors que le programme d'histoire en CM1 prévoit expressément « les Gaulois, la

romanisation de la Gaule et la christianisation du monde gallo-romain », au même titre que l'étude « des conflits et échanges en méditerranée au Moyen Âge: les Croisades, la

découverte d'une autre civilisation, l'islam », des enseignants se voient systématiquement

opposer un refus de parents musulmans à l'étude, par leurs enfants, de la christianisation. Les mouvements migratoires, conséquences des Croisades sont remis en cause au prétexte que les Chevaliers n'ont pas existé ou que dans le meilleur des cas, ils n'ont jamais atteint le Proche Orient! Qui imaginerait que l'éducation musicale soit contestée? Pourtant, des enfants refusent de chanter dans une chorale ou de jouer de la flûte à bec au prétexte d'une

interdiction religieuse.

Ainsi, la pression religieuse s'invite au sein des cours et dans la contestation ou l'évitement de certains contenus d'enseignement. Ainsi, les cours de gymnastique et de piscine sont-ils évités par des jeunes filles qui ne peuvent être en mixité avec les garçons. Ces dispenses d'enseignement, parfois justifiées par des dérogations médicales "de complaisance", posent le problème du vivre ensemble entre filles et garçons. Il arrive que des enseignants, désemparés devant le peu d'élèves à la piscine lors du ramadan, cherchent auprès de l'imam le plus proche la justification religieuse à pouvoir suivre les cours dispensés. Par une volonté de bien faire, ces enseignants contreviennent alors au principe de laïcité et inscrivent de fait la religion comme ayant force de loi.

Si des contenus sont contestés ou refusés, d'autres sont demandés qui portent sur le pays d'origine et non pas sur celui d'accueil.

Dans le cadre de l'éducation civique, juridique et sociale, au lycée, le débat argumenté est de plus en plus difficile à mettre en place dans les établissements à forte population d'origine étrangère par crainte d'affrontements identitaires »[43].

---

[43] Haut Conseil à l'intégration. Rapport au Premier ministre pour l'année 2010. Les défis de l'intégration à l'école et Recommandations du Haut Conseil à l'intégration au Premier ministre relatives à l'expression religieuse dans les espaces publics de la République, p.91

Ce rapport nous porte à faire des constats fort instructifs pour la compréhension du multiculturalisme:

a) Il y a des valeurs objectives qui sont plus fortes que les normes juridiques, en ce sens qu'elles sont formées dans le cours de la nature des choses et de l'histoire d'un peuple. Elles lui collent à la peau comme une sorte de tatouage indélébile.

b) Persister à vouloir une coexistence forcée des cultures opposées ou inadaptables aux nouveaux contextes risquerait de susciter des manifestions d'intolérance et des réactions négatives dont le racisme, la xénophobie et la ségrégation éthique se trouveraient au premier rang.

c) Un peuple autochtone qui se sent menacé par l'oppression culturelle, pourrait, même s'il était féru de démocratie, basculer dans l'intolérance, comme moyen de défense de ses valeurs traditionnelles, et élire un gouvernement de tendance totalitaire.

Multiculturalisme, Communautarisme et Immigration

Comme tournant de l'histoire, le cosmopolitisme atteste la chute de la cité grecque et la construction d'un monde où Grecs et barbares doivent avoir des échanges sur le même pied d'égalité. Alexandre le Grand, partant pour la conquête de la Perse, inaugure ce chapitre de l'histoire de l'antiquité grecque.

Comme état d'esprit philosophique, le cosmopolitisme témoigne de l'ouverture de l'esprit hellénique vers des cultures étrangères et de l'inauguration d'une philosophie humaniste fondée non plus sur le citoyen (*politès*) de la même cité ou d'une autre de l'Hellade, mais sur l'*autre quia anthropos* (homme): citoyen du monde qui conserve ses propres spécificités et dont la culture n'est pas inférieure à la culture grecque puisque différente. Les Stoïciens et les Epicuriens développent une morale qui s'intéresse grandement à cet *autre* comme acteur de l'histoire du monde. De leur côté, les penseurs romains et notamment Cicéron donneront des expressions très élevées de cet esprit sous les traits de la *benevolentia*[44], sentiment qui

[44] Cf. CICERON, *In Verrem Actio* 5, 160; *De Oratore*, 2, 72; *Laelius, De Amicitia,* 22.

implique l'intéressement et la sympathie pour l'*autre*, l'humainement proche. Nous y voyons les premiers signes de la philanthropie.

Sur le plan politique plus spécialement, le cosmopolitisme marque la considération de l'*autre* comme un citoyen non seulement de son pays mais aussi d'une grande cité: le monde. En d'autres termes, le cosmopolitisme reconnaît en tout autre la qualité de citoyen.

Reconnaître en l'autre le même statut existentiel et politique, c'est l'accepter dans son intégrité d'être social *(politikon)* et historique; c'est l'accepter avec son passé et son présent en envisageant un avenir-d'-être-ensemble. En fin de compte, c'est lui reconnaître ses spécificités culturelles et lui permettre de les exercer. Le cosmopolitisme implique alors tant le multiculturalisme (la coexistence des différentes cultures) que le communautarisme au sens que l'idée d'individu se conçoit très mal indépendamment de ses appartenances culturelle, ethnique, ou sociale. La politique de l'Empire romain, vis-à-vis des peuples conquis, n'était pas hostile au développement du communautarisme, en permettant à ces peuples de pratiquer leurs coutumes culturelles et juridiques à condition de ne pas s'opposer au droit romain.

Le cosmopolitisme moderne s'inscrit sur un autre registre. Il est teinté d'économie et porte le nom de mondialisation. En effet, la postmodernité et notamment le début du nouveau siècle est marqué, outre par l'émergence d'un monde multipolaire et l'hétérogénéité de valeurs et d'institutions, par l'universalisation du capitalisme[45] aussi.

La morale humanitariste qui est mise en exergue par la postmodernité surtout après la deuxième guerre mondiale, a également contribué à ce nouveau cosmopolitisme. L'élan intellectuel pour rejoindre ce dernier est marqué par la reconnaissance de tout homme comme personne, membre de la même famille humaine, ayant une dignité inhérente à sa propre humanité. Pour le cosmopolitisme postmoderne toute personne humaine est un citoyen du monde. Ainsi la libre circulation des travailleurs immigrés[46] est facilitée par leur considération comme personnes pourvues des mêmes droits fondamentaux que les autochtones. Plus encore, les travailleurs clandestins ne sont point dépourvus de ces droits soutenus par la dignité inhérente à tout être humain. Le mélange des personnes de culture différente est donc inévitable et

---

[45] Cf. N. BAVEREZ « Avec la mondialisation, notre siècle échappe à l'occident », *Le Figaro Magazine* du 17 -12-2010, p. 125-129 et notamment p. 125.

[46]Pour les rapports entre mondialisation et immigration , voir M. SUAREZ-OROZCO, « Globalisation, immigration, and éducation: The research agenda » *Harvard educational review* 2001, vol. 71, n.°3, p. 345-365.

le problème posé concerne la symbiose pacifique des citoyens de continents divers dont les spécificités culturelles non seulement diffèrent mais parfois s'opposent.

Même si le pragmatisme économique et le droit humanitaire dictent l'effort pour un *bien-vivre* ensemble, le problème demeure complexe. Car, si tout le monde est d'accord avec cette idée, sa réalisation n'est pour autant ni facile ni simple. La vie quotidienne et les problèmes qui en résultent poussent à la rencontre de l'autre et en même temps au repli sur soi-même ou à l'enfermement dans sa commaunuté culturelle. D'ailleurs, on ne peut pas ignorer la politique qu'adopte un Etat vis-à-vis des étrangers qu'il accueille. Intégration et assimilation des hôtes ou multiculturalisme et communautarisme sont des aspects non négligeables de la présence de l'autre dans un pays autre que le sien propre.

Mais les tensions et les conflits entre autochtones et immigrés sont sans relâche à l'ordre du jour. Il arrive que les premiers se sentent menacés par la présence des autres et que ceux-ci ont l'impression d'être souvent maltraités dans le cours de la vie quotidienne alors qu'ils y participent *de jure* et *de facto* très activement. Malgré tout, les uns et les autres sentent bien qu'ils sont obligés de vivre ensemble; c'est pourquoi ils s'efforcent de s'organiser selon leur propre manière de vivre tout en respectant les exigences de l'ordre public. Très souvent, les spécificités culturelles, notamment celles de la religion, marquent profondément les racines de l'homme.

Communautarisme et laïcité sont dès lors au centre de l'organisation d'une société multiculturelle d'aujourd'hui comme facteurs qui se complètent pour réaliser la symbiose publique mais aussi comme phénomènes qui s'opposent. Le communautarisme désigne les positions et les aspirations des minorités culturelles (fondées sur leur histoire ethnique ou leur religion) ayant tendance à se différencier volontairement des indigènes voire à se dissocier du reste de la société. Car ils ont souvent le sentiment d'être victimes d'exclusion. Le multiculturalisme qui en est issu témoigne de l'effort de l'Etat de préserver l'identité de chacun et de lui permettre de s'épanouir dans un climat qui lui est propre, à condition de ne pas contrevenir au droit officiel. La laïcité comme moyen de coexistence pacifique révèle ainsi la volonté de l'Etat de conserver un ordre public neutre où, au-delà de toute spécificité individuelle, chacun doit se comporter selon les exigences requises par la démocratie et les droits de l'homme. Malgré tout, les solutions prometteuses de ces sortes de politiques, sont loin de résoudre les problèmes sociaux.

Chaque homme possède des racines qui forgent sa personnalité et une inclination naturelle pour pratiquer les usages de son pays d'origine ou bien ceux qui ont nourri sa jeunesse. Il peut donc réagir voire se comporter violemment contre les mesures inhibitrices à sa manière d'être et de vivre.

A. Identité et altérité

Il n'est pas faux qu'un régime démocratique doive être pluriel et assurer l'égalité de tous les citoyens à la participation de la vie politique de l'Etat. Cette égalité doit être appliquée dans la mesure du possible aux travailleurs immigrés de cultures différentes. Dans cette perspective, « les partis politiques doivent se départir de leur conservatisme pour mieux assumer et incarner le pluralisme de la société »[47] .

L'outre-Manche pratique un modèle de multiculturalisme combiné avec une pédagogie de citoyenneté qui vise à la coexistence et à la fréquentation des immigrés de culture différente. Dans le quartier londonien de Béthanl Green, les habitants issus de différentes vagues d'immigration se côtoient sans problème[48]. Pour la Grande-Bretagne, l'interdiction du voile islamique dans les

---

[47] Voir B. NABLI-G.P. LANGEVIN, « En finir avec la discrimination des élus issus des minorités visible. Imposer une chartre de la diversité à tous les partis lors de chaque élection », *Le Monde* du 10-12-2010, p. 17.

[48] Voir *La Croix*, du 14-12-2010, p. 4.

écoles publiques est incompréhensible[49]. Toutefois, le premier Ministre G.. B...... parle régulièrement de la *Britishness* entendue aux termes de l'identité nationale britannique. Selon *La Croix*, «il promettait même des emplois britanniques pour les travailleurs britanniques»[50]. Voilà comment vient se poser le problème de l'identité nationale et du multiculturalisme.

Pour les chercheurs[51] qui travaillent sur ce sujet, la question de l'identité nationale en matière d'immigration peut se voir transformée en question de sécurité étatique et donner naissance à un populisme dangereux. A l'heure actuelle où l'Europe s'efforce de forger sa propre identité, la question de l'identité nationale par rapport à celle de l'étranger et de l'autre surtout de l'immigré risque de mettre en cause la capacité du vieux continent à diriger ses États-membres et à mener une politique, au-delà de leur particularisme, en vue de faire partager, en son sein et par tous, un avenir commun[52]. Une nouvelle forme d'organisation politique est dès lors proposée visant à établir une norme européenne incontournable, à partir des

---

[49] *Ibidem.*

[50] *Ibidem.*

[51] Comme R. KASTORYANO. *Voir Quelle identité pour L'Europe? Le Multiculturalisme à l'Épreuve,* Presses de Sciences Po., 2005.

[52] R. KASTORYANO, « L'Europe face aux nationalisme », *Le Monde*, 26-10-2010, p. 17.

diversités culturelles et nationales[53]. Mais comment réussit-on à faire un standard général qui comprenne et en même temps dépasse les données fondamentales de chaque diversité? S'agirait-il alors de créer une multiculture à partir de la culture de chacun afin de l'imposer, en tant que culture d'engagement de chacun, à tous? Réalisme et utopie paraissent se mélanger.

La laïcité est déjà proposée comme une voie efficace pour dépasser les conflits issus du choc des cultures, suivant les idéaux de la démocratie et des droits de l'homme. Elle représente le chemin vers la tolérance et le respect de l'homme dans ses spécificités historiques. Toutefois, les problèmes qui en dérivent sont loin d'avoir trouvé des solutions adéquates. Très souvent, l'interdiction de faire étalage de ses spécificités culturelles et notamment celles relevant de la religion dans l'espace public, est considérée comme une mesure anti-démocratique et indigne d'un Etat de droit. Même la laïcité positive qui permet à chacun de pratiquer librement dans l'espace public sa religion, signe de respect de l'identité personnelle, n'arrive pas à faire l'unanimité de tous comme étant la mesure la plus appropriée en vue d'une coexistence paisible. Afficher ses différences culturelles à travers les échanges avec les autres citoyens dans la vie quotidienne, est ressenti par les autochtones comme

---

[53] *Ibidem.*

une provocation et une menace contre l'identité nationale. La tension monte et des réactions de tout genre ne tardent pas à apparaître, souvent récupérées par les partis politiques, ce qui travaille contre les choses publiques. Confusion et syncrétisme de plusieurs valeurs morales et juridiques se produisent; mélange dangereux pour l'esprit démocratique et la consolidation des droits de l'homme dans les pays libres[54]. Nous rejoignons ainsi A.- G. Slama, chroniqueur au *Figaro* qui remarque: «Voici que le droit s'est émietté en droits, qu'il s'est érigé en morale officielle, que la défense des particularismes s'est exercée au nom de la vertu, que les revendications identitaires d'ordre ethnique ou religieux ont été considérées comme sacrées et que le simple respect des règles de la laïcité, indispensable dans l'espace public, a été taxé d'intolérance, voire de 'discrimination'»[55].

L'immigré, et surtout celui qui ne partage pas les valeurs historiques et culturelles de son pays d'accueil, se trouve souvent montré du doigt; il est même considéré comme l'incarnation du mal ou du malheur qui minent les fondements de l'Etat.

---

[54] Par pays libres nous entendons les Etats qui ne sont pas gouvernés par des dictateurs ou des despotes de tout genre (politiques ou religieux).

[55] Voir «L'après 11 septembre ou la défaite de l'universel», *Le Figaro*, du 15-9-2010, p. 15.

Dans son *Déni des cultures*,[56]le sociologue H. Langrage soutient, contrairement à d'autres de ses collègues interprétant la délinquance comme phénomène des inégalités sociales, que la culture est un facteur favorisant la délinquance. L'immigration est mise au premier rang. Plus spécialement dans son livre ce chercheur soutient d'après ses investigations que les jeunes, éduqués dans des familles du sahel, sont trois ou quatre fois plus souvent impliqués comme auteurs de délits que d'autres adolescents élevés par des familles autochtones, les uns et les autres vivant dans le même quartier[57]. En outre, il précise que les jeunes d'origine maghrébine, dans les quartiers ghettoïsés, sont deux fois plus impliqués que *«les autochtones»*[58].

Dans ce contexte, des voix se sont élevées pour soutenir un nouvel aspect de la laïcité sous l'habit d'une «véritable pédagogie de la cité»[59]. A ce titre, la laïcité ne devrait pas être vécue comme une idéologie parmi d'autres. Son respect ne devrait pas non plus être imposé par la multiplication des lois d'interdiction. En revanche, il faudrait qu'elle soit

---

[56] Ed. Le Seuil, 2010.

[57] Voir *Le Monde*, 14-9-2010, p. 12.

[58] *Ibidem*.

[59] Cf. A. BIDAR, «Il est urgent de mettre en œuvre une véritable pédagogie de la laïcité. La république ne saurait se contenter d'imposer la neutralité par la seule loi », *Le Monde du* 21-12-2010, p. 19.

située dans le cadre d'une politique pédagogique entendue «comme principe universel de cohésion sociale» qui donne la possibilité à chacun de vivre en paix avec l(es) autre(s)[60]. D'après ce point de vue, les décisions de justice, créatrices des relations verticales (une autorité légitime qui impose *de jure* ses décisions comme droit officiel de l'Etat), doivent céder leur place plutôt à une éducation. Car celle-ci permet la prise de conscience de la laïcité en tant que vertu citoyenne, idéale pour créer un climat neutre de tolérance[61] qui conjugue éthique et politique. Ceci permettrait dès lors de conserver le multiculturalisme dans un ordre social où la pratique des principes de laïcité ne se heurterait pas aux coutumes traditionnelles des minorités.

Malgré tout, le communautarisme, au moins en France, continue de hanter les esprits démocratiques et fait peur à la majorité des citoyens autochtones. Précisons que ce qui fait davantage peur est la pratique d'un islamisme fondamentaliste qui résiste à toute mesure de conservation de la cohésion sociale. On peut donc comprendre le conseiller spécial du Président de la République français monsieur H... G..., qui soutient: «Tout concourt insidieusement à affaiblir notre modèle républicain»[62]. Ce conseiller, redoutant la montée du communautarisme, juge que «l'assimilation est le

---

[60] *Ibidem.*

[61] *Ibidem.*

[62] *Le Monde* du1-12-2010, p. 10.

programme de la République»[63]. Il se montre hostile par là à la reconnaissance de la «singularité de la figure humaine» et tout ce qui conduit à assigner les personnes humaines dans leurs spécificités culturelles dont la religion surtout, car il y a grand risque de rivalité et d'affrontement[64]. Sur l'effet religieux, il considère que la dissimulation du visage est incompatible avec les idéaux républicains. Donc, on «ne peut pas dire que l'on est pour la République et contre l'interdiction du voile à l'école ou de la burqua dans la rue. On ne peut pas se dire républicain et avoir peur du mot assimilation ou vouloir les droits sans les devoirs ou être contre la nation et contre l'Etat»[65].

Des intellectuels plus optimistes insistent sur les mesures d'assimilation que l'on distingue de l'intégration, au moins en ce qui concerne la réalité française. Et ce programme est considéré, par d'aucuns, avoir réussi en France. Ancienne plume d'un premier ministre, normalien et agrégé, Hakim El Karaoui, dans une interview donnée au journal *Le Monde*[66], estime que le système français tend plus à l'assimilation qu'à l'intégration des immigrés. Du coup, plus le système fonctionne, plus les différences s'estompent parce que les immigrés sont devenus des Français comme les autres. Ce modèle

---

[63] *Ibidem.*

[64] *Ibidem.*

[65] *Ibidem.*

[66] *Le Monde* du 10-11 octobre 2010, p. 10.

peut, toutefois, susciter l'anxiété parce qu'on voit toujours ce qui va mal et jamais ce qui fonctionne bien. «Or, lorsqu'on observe globalement les populations issues de l'immigration, on se rend compte qu'en termes de réussite scolaire, de mariages mixtes, de comportements démographiques, de progression sociale, les évolutions sont positives»[67]. Cet intellectuel s'inquiète néanmoins de la résurgence en France d'une *«société d'Ancien Régime»*[68].

Cependant, le *Rapport du Haut Conseil à l'Intégration* ne se montre pas aussi optimiste que le voudrait ce normalien. Ce rapport annuel comporte deux volets. Le premier comprend un avis sur la connaissance des valeurs de la République, le deuxième sur une étude statistique concernant les élus issus de l'immigration. Nous lisons donc à la page 6: «L'école donne des signes de souffrance. Elle est aujourd'hui le lieu de revendications nouvelles qui ressortent de l'expression du communautarisme, d'une identité religieuse, voire du rejet de la culture et des valeurs de la République française». Plus encore: «La montée des fondamentalismes et du communautarisme ouvre la porte à des contestations de cours de plus en plus nombreuses. Ainsi, il n'est plus rare que, dès l'école

---

[67] *Ibidem.*

[68] *Ibidem.* Voir aussi son livre «*Réinventer l'Occident. Essai sur une Crise Economique* et *Culturelle*», Paris, Flammarion, 2010.

primaire, des parties du programme soient refusées: alors que le programme d'histoire en CM1 prévoit expressément 'les Gaulois, la romanisation de la Gaule et la christianisation du monde gallo-romain', au même titre que l'étude 'des conflits et échanges en méditerranée au Moyen Âge: les Croisades, la découverte d'une autre civilisation, l'islam', des enseignants se voient systématiquement opposés un refus de parents musulmans à l'étude par leurs enfants de la christianisation» (p. 99).

Il est vrai que certaines mesures que la République prend au nom de la laïcité sont vécues par les générations d'immigrés et de leurs enfants comme des mesures «humiliantes» à l'égard de leurs racines et de leurs traditions. Nous lisons dès lors dans ce rapport: «Le principe de laïcité peut apparaître, pour certains, comme une atteinte à la liberté de culte faite aux musulmans. Il est pourtant le nécessaire édifice des principes de liberté et d'égalité: l'élève est un citoyen libre, qui n'est pas soumis 'par nature' à une religion» (p.105).

Toute action engendre une réaction et en général la réaction a une teinte négative: la multiplicité des cas du foulard islamique et celle du port de la burqua, comme aussi la prière des musulmans dans la rue paralysant la circulation dans le 18ème arrondissement de Paris, sont des signes révélateurs[69].

Le choc des cultures est devenu aujourd'hui un problème international. Même la Suisse, un des pays les moins vulnérables à l'immigration, actuellement «se garde de ses immigrés»[70]. Le vote anti-minaret et celui du 28 novembre 2010 inquiètent beaucoup Bruxelles[71]. En effet, les Suisses se sont prononcés sur un projet de loi visant à renvoyer dans leurs pays d'origine les étrangers criminels, coupables «de viol, d'actes de violence grave, de trafic de drogue, mais aussi d'abus de l'aide sociale». Il est sans équivoque que le rejet du multiculturalisme concerne les immigrés de culture musulmane.

L'Allemagne fait aussi un constat amer. Selon la chancelière Angela Merkel, rapporte *Le Monde*, «l'approche multiculturelle de l'immigration 'a totalement échoué'»[72]. Il paraît que le modèle d'une Allemagne *Multikulti* (multiculturelle) avec la pratique sans obstacle d'un droit au culte des origines (laïcité positive) a échoué. Aussi bien en Allemagne qu'en France, il semble que les efforts

---

[69] Le Figaro.fr dans la Revue du web France I Islam et Occupation: Marine Le Pen provoque un tollé (13/12/2010).

[70] *Le Monde* du 27 novembre 2010, p. 3.

[71] *Ibidem*.

[72] *Le Monde* du 19 octobre 2010, p. 8.

d'intégrer les immigrés soient peu fructueux[73]. D'après certains historiens, la mise en cause des minorités et l'agitation qui tourne autour de la présence et de l'avenir de ces dernières sont dues «à des fins politiciennes dans les moments de crise»[74].

---

[73] S. LE BARS, dans un article dans *Le Monde*, du 5 janvier 2011, p. 1 et 9 intitulé «L'islam est considéré comme une menace par 40% des Français et des Allemands» rapporte: «Alors que 42% des Allemands considèrent la présence d'une communauté musulmane comme '*une menac*e' pour l'identité de leur pays, 68% et 75% estiment que les musulmans '*ne sont pas bien intégrés dans la société'*» (p.1). «Ainsi 61% des Français (67% des Allemands) qui estiment que les musulmans ne sont pas intégrés mettent tout d'abord en avant ' leur refus' de le faire , puis 'les trop fortes différences culturelles'(40% pour la France, 34% pour l'Allemagne) avant le phénomène des ghettos (37%-32%) ou les difficultés économiques (20%-10%)», *ibidem*. Le Philosophe Jüngen HABERMAS, hanté par les «vieux démons» destructeurs de l'humanité, et inspiré d'un humanisme cosmopolite, se refuse à l'évidence d'une réalité en taxant l' Europe de xénophobie. Voir « L'Europe malade de la xénophobie », *Le Monde* du 3 janvier 2011, p. 21; cf. «N'en doutons pas, la mauvaise habitude qui consiste à exciter les préjugés est un phénomène qui va au-delà de l'Allemagne », *ibidem*.

[74] Tel et l'avis de l'historien Patrick Weil, *Le Monde* du 19-10-2010, p. 8.

Le sentiment national se renforce ainsi et l'autochtone se radicalise. Au lieu donc de viser une Europe des peuples, la réalité politique se voit guider vers une Europe des Nations. Le 20% de l'électorat européen craint que la diversification culturelle qui, depuis cinquante ans se développe, fragilise les nations[75].

Ainsi, en étudiant l'actualité politique internationale, il ne serait pas inexact de conclure que le problème de l'immigration porte, en général, moins sur le multiculturalisme que sur la présence des minorités musulmanes au sein de l'Europe et qu'il y a une très grande difficulté à faire coexister les valeurs historiques du vieux continent avec les valeurs issues de la culture musulmane.

B. Orient et Occident

D'après le périple que nous venons d'effectuer dans le croisement de deux mondes, celui de l'Occident et celui de l'Orient, il nous semble légitime de soutenir que le multiculturalisme tente aujourd'hui de réussir le rapprochement de deux univers antithétiques: celui d'un Orient qui demeure attaché à la tradition de ses valeurs, et celui d'un Occident qui essaie d'adapter une culture (la culture islamique) à sa propre réalité.

---

[75] *Ibidem*.

La culture musulmane atteste un monde soumis à l'ordre et à la discipline: à l'obéissance respectueuse d'une morale transcendante qui est devenue un mode de vie quotidienne ayant forgé la nature et le caractère de ses partisans comme une éthique populaire nécessaire aux échanges sociaux. Il s'agit d'un monde fidèle à ses pratiques qui s'efforce, par la facilité que les opportunités humanitaires lui accordent, de franchir les frontières internationales, de s'étendre et de se répandre sans perdre pour autant les spécificités de son identité. Car la dogmatique islamiste ne peut être laïcisée si ce n'est qu'en perdant son caractère authentique et sa véritable nature. Le contact à l'*autre* -et notamment le rapprochement de l'homme occidental- s'efforce de s'accomplir dans un climat de paix qui, pour autant, est fragile car l'homme de l'Orient s'installe dans une modernité, vécue comme un danger d'altération de ses qualités identitaires. D'où la réaction de persévérer sans relâche voire d'imposer sa manière de vivre dans un environnement qui ne lui convient pas entièrement.

Sa présence devient alors hétéroclite dans un monde qui est fondamentalement tourné vers l'avenir alors que l'homme oriental demeure fidèle aux valeurs de ses traditions ancestrales. Car, pour lui, le passé est le réceptacle de la vraie sagesse et de la vérité qui sont à la base de l'authenticité de ses racines. De ce fait, il devient anachronique et inadaptable pour les autochtones. Plus encore, sa persévérance dans la pratique de ses coutumes et la résistance à l'adaptation au rythme du pays d'accueil sont ressenties par les occidentaux comme une menace contre leurs efforts civilisateurs. Le choc des deux univers contrastés risque de dégénérer en conflit et le conflit en guerre[76].

Par contre, l'homme occidental d'aujourd'hui se déploie très souvent comme un rebelle contre les traditions qui lui semblent caduques. Son horizon constitue une ouverture vers un monde où l'*autre* suit le rythme du temps présent en vue de se parfaire dans l'avenir. Sa curiosité intellectuelle se conjugue avec le progrès d'une pensée technocratique et pragmatique qui est soucieuse pourtant de la conservation de la condition humaine à un niveau élevé. La conception de la personne laïque, et des droits fondamentaux qui lui sont attachés, est l'image la plus représentative. Cela ne veut pas dire pour autant qu'il rejette les traditions qui ont forgé son identité. Mais il les adapte aux besoins de son époque et aux exigences d'un monde qui évite le recul. Bref, le temps de l'Occident est l'avenir. Tout présent est l'antichambre de l'avenir.

---

[76] Pour un avis différent, voir E. TODD - Y. COURBAGE, *Le Rendez-vous des Civilisations, Paris,* Seuil, 2007. En particulier, ils soutiennent que les pays musulmans évoluent comme les autres pays occidentaux pour la plupart; ils sont donc voués à s'aligner sur les standards occidentaux.

L'homme occidental n'a point perdu le sens de l'hospitalité. Mais l'accueil de l'autre a des règles à respecter. Car, lui, ne veut point perdre, à son tour, les spécificités culturelles et historiques fondatrices de sa personnalité. Il n'a point perdu non plus le sens de l'histoire qui lui sert de base pour former sa pédagogie en tout domaine. Le personnalisme occidental contemporain honore toujours l'idée de «pays d'asile» pour chaque personne sinistrée et vulnérable qui échoue sur ses rives.

Fidèles à leur idéal d'accueil, plusieurs pays du vieux continent ont fait et font des efforts pour ne pas oublier le droit d'asile, ni le trahir. Afin de maintenir et de consolider la cohésion sociale, la laïcité a été imposée. Mais elle ne semble pas être d'une grande efficacité. Même une pédagogie de la laïcité ne saurait, à notre avis, s'avérer satisfaisante.

La laïcité permet ou interdit. Elle impose un *statu quo* ou bien elle montre une tolérance qui risque éventuellement de dégénérer en anarchie. Dans un pays d'accueil, on ne saurait s'enorgueillir de ses droits fondamentaux et notamment de la liberté de culte et de la libre disposition de soi et imposer, en même temps dans l'espace public, des règles qui les contrarient. Car l'être de l'homme ne connaît point de fragmentations. Il appartient en sa totalité au monde et il demande, à son tour pour son épanouissement, de pouvoir se manifester dans la totalité du monde. L'espace privé ou l'espace public sont des divisions techniques qui entravent la spontanéité de l'homme dans les expressions de sa vie. L'homme est porteur de ses racines et de ses traditions qui sont à l'origine de sa *passion* existentielle, à savoir de son élan de vivre, inspiré des choses de la vie. Certes, il a des rôles à assumer mais ceux-ci convergent à l'intégrité de sa personne. Et c'est la personne, à partir de cette *passion,* qui choisit les rôles et les exécute. Dès lors, on ne saurait radicaliser ces rôles en les réduisant à un certain nombre de manifestations que permet seul l'espace public. Car celui-ci, plus que la réalisation d'un rôle, doit, au nom de la liberté démocratique et de la tolérance philanthropique, héberger toutes les manifestations de l'homme digne de sa qualité de personne dans son intégrité. Il est inhumain de couper l'homme de ses racines, de lui interdire de pratiquer les traditions qui ont forgé sa personnalité et de l'obliger à obéir à un archétype étranger à son idiosyncrasie propre. Le véritable accueil exige une générosité qui ne prive point mais qui sait donner.

En effet, une des valeurs historiques de l'Occident est l'hospitalité dont les racines remontent à l'Antiquité hellénique. Le *xénos* (l'étranger) qui est accueilli est un hôte sacré car il est le protégé des dieux et notamment celui de Zeus qui porte le qualificatif *xénios*: hospitalier. Il est vrai -il faut le souligner- que par la reconnaissance d'une dignité inhérente à toute personne humaine, l'immigré en situation régulière ou *le sans-papier* doivent jouir de tous les droits fondamentaux qui appartiennent aux citoyens autochtones. Mais dans la pratique, les choses se passent différemment. Des interdictions légales restreignent les champs d'action autorisés par les droits de l'homme auxquels ont droit les immigrés en tant que personnes humaines. Les règles de l'hospitalité subissent alors une entorse.

En effet, l'Occident a facilité l'arrivée en son sein des immigrés comme main d'œuvre, ouvrant ainsi la porte à des minorités multiculturelles venues, au nom d'une meilleure qualité de vie, offrir leur labeur aux pays développés. Ceux-ci leur ont accordé des droits, à eux et à leurs enfants. Les nouvelles générations bénéficient en particulier du droit du sol qui crée des attaches à la nouvelle patrie même si ces générations ont été nourries par la culture des ancêtres. L'Occident aurait dû penser aux conséquences. Il doit donc assumer la responsabilité des différends engendrés par une mixité difficile. La globalisation n'a point facilité les choses. Elle a même aggravé le problème par son pragmatisme économique qui favorise un *melting-pot* d'individus de cultures hétéroclites.

On est aux préliminaires d'une impasse culturelle malgré l'optimisme et le plan de structuration des minorités, en particulier de culture islamique, enracinées dans les pays occidentaux.

L'accueil de l'immigré, dans sa nouvelle demeure, pourrait être accompagné d'une pédagogie, une sorte d'initiation à la vie citoyenne.

A ce titre, la pédagogie de la laïcité comme valeur neutre, à savoir située par-delà toutes les communautés culturelles mais en les englobant, est avancée. A la place des devoir-faire légaux, l'art d'instruire et d'éclairer la conscience individuelle de la nécessité d'un ordre public sans problème dû à la pratique de ses propres spécificités culturelles, au nom de l'heureuse symbiose de tous, pourrait accomplir une grande tâche.

Toutefois, aucune pédagogie semblable de prise de conscience ne saurait couper la personne humaine de l'attachement à ses racines et à la pratique, dans la vie publique, de ses spécificités culturelles. La prise de conscience du fonctionnement du monde où l'on a sa demeure et où l'on évolue en bon citoyen ne saurait dispenser l'affirmation de soi en tant que personne accomplie: personne qui se réalise et se parfait dans le présent, instruite des leçons transmises par ses racines. On n'apparaît pas soudain dans les activités du monde; on y arrive avec un bagage culturel et des expériences qui s'accumulent dès sa naissance et qui forment un mode de vivre. Une prise de conscience de sa réalité sociale nécessite tout un passé qui vibre dans le présent et qui travaille sans relâche à enrichir la psychologie de l'homme et à consolider sa personnalité.

La laïcité convient davantage au comportement humain comme comportement social qu'aux spécificités identitaires de chaque citoyen.

Le citoyen n'est pas un agent passif, mais un individu qui s'emploie à prendre conscience d'une éthique citoyenne sous forme d'obligation morale et juridique. Diviser sa manière d'être et lui dicter de vivre selon les exigences d'un ordre public qui ne suit pas forcement celles de la vie privée, c'est interrompre le rythme naturel de son existence, en opérant une dichotomie de l'être de l'homme en personne publique et en personne privée. Cela va à l' encontre de l'unité de la personne dans sa complexité. C'est pourquoi, un certain nombre d'immigrés et leurs descendants vivent les interdictions imposées par la laïcité comme une mutilation psychologique. Il se peut donc que, plus cette sorte de laïcité est souhaitée et appliquée, plus les minorités de cultures différentes s'efforcent d'imposer leurs différences. Par leurs comportements, elles veulent transmettre le message d'une oppression intellectuelle qui vise à les dépouiller de leur propre authenticité existentielle. C'est pourquoi après le foulard islamique, des femmes, entièrement voilées, apparaissent dans l'espace public et des croyants musulmans font leurs prières en pleine rue.

Il faut admettre que l'occident privilégie de plus en plus les droits fondamentaux de vocation universelle, représentant des impératifs attachés à l'essence de l'homme-personne, si différents d'un droit objectif recherché dialectiquement comme rapport à autrui. Ainsi, toute restriction de ces impératifs qui aliène leur caractère d'universalité est vécue comme discrimination existentielle, voire comme une sanction du fait que l'immigré est différent de l'autochtone.

C. L'autochtone et l'étranger

A la laïcité conçue comme un des moyens de cohésion sociale, sont rajoutées l'intégration[77]et l'assimilation[78]. Ainsi la mosaïque humaine pourrait apparaître moins hétéroclite tout en étant diversifiée. On ne peut pas estimer la valeur de ces notions si leur contenu n'est pas éclairé.

L'intégration désigne aujourd'hui «le fait qu'une personne étrangère comprend et respecte les valeurs du pays où elle est accueillie au point d'en devenir un véritable acteur social»[79]. Ses racines remontent au verbe *integrare* qui signifie réparer, remettre en état et, en deuxième lieu, renouveler ou commencer de nouveau. Au sens figuré, ce verbe signifie récréer et refaire. Il comprend donc la suggestion de mettre en état. En effet, l'intégration

---

[77] J.-C. MONOD, «Quelle(s) politique(s) d'intégration au sein de l'Union européenne?», *Questions d'Europe* n.° 53, fondation Robert Schuman, mars 2007.

[78] M. SAFI., "Immigrants' life satisfaction in Europe: between assimilation and discrimination", *European Sociological Review*, *26*, 2, p.159-176.

[79] Voir *Le Dictionnaire Littré* (mis à jour) s.v.

suppose toute une préparation pédagogique de l'immigré pour sa mise en état de suivre le cours social juridique et politique du pays d'accueil. Cette explication n'implique pas forcément les moyens par lesquels il convient de procéder à cette entreprise. L'adjectif *integer* et le substantif *integritas* sont plus éclairants sur ce point. *Integer* signifie non touché, ce qui n'a reçu aucune atteinte, ce qui n'est nullement entamé et, par là, ce qui est intact. De son côté, l'*integritas* désigne l'état d'être intact.

Or l'*integritas* suggère le respect de la totalité des qualités personnelles. L'intégration demande dès lors la non-aliénation des racines qui sont manifestées par la pratique des coutumes traditionnelles. A moins que l'on choisisse de renouveler, de récréer de refaire; ce qui entraîne «la fabrication» d'un nouveau personnage selon les données prescrites par l'Etat et imposées aux candidats de l'intégration. Cette sorte de fabrication n'est pas, à nos yeux, admissible puisqu'incompatible avec la dignité personnelle, pilier de la liberté d'être et de s'exprimer.

En effet, cette sorte d'intégration implique la déconstruction de la personnalité et la défiguration éthique de l'individu[80]. Mais de telles mesures, ne sont-elles pas employées par les régimes totalitaires?

---

[80] Il n'est pas sans intérêt d'indiquer ici l'article d'Elise VINCENT, « En France, le 'modèle

Rapportons-nous aussi à l'idée d'assimilation. Assimiler signifie en termes de physiologie «convertir en sa propre substance». Au dire de *Littré*, Buffon soutenait que «les êtres qui ont la puissance de convertir la matière en leur propre substance et d'assimiler les parties de ces êtres, sont les plus grands destructeurs»[81]. L'assimilation a donc pour vocation de rendre l'autre organiquement semblable à soi-même. Ce qui va contre l'unicité de la personne et l'impossibilité d'en faire une copie. Toute personne détient une histoire qui lui est propre, car elle a la capacité de personnaliser ses potentialités et d'en faire les attributs de sa propre personnalité. Contrairement aux autres êtres animés

---

républicain d'intégration' montre aussi ses limites », *Le Monde* du 8-2-2011, p. 8. L'auteur précise que à l'opposée des systèmes anglais et allemand, le modèle d'intégration français dit « républicain» rejette «les revendications ethniques ou religieuses au profit d'une République voulue 'une et indivisible'». Et cet auteur poursuit: «A en croire les enquêtes menées ces dernières années, l'intégration économique et sociale des immigrés et de leurs enfants en France est loin d'être à la hauteur des espérances». ... «Or le temps n'a pas atténué les difficultés notamment pour la ' *deuxième génération'*».... «Dans ce paysage, les populations originaires du Maghreb et d'Afrique subsaharienne apparaissent de plus en plus en ' décrochage'»

[81] *Le Littré* sv., définition, définition n° 2.

de la création, l'homme ne représente pas une monade comme cela pourrait être le cas d'une mouche ou d'une fourmi, mais il est beaucoup plus qu'un individu anonyme comme telle poule ou tel cheval. Il n'a pas non plus une *gueule* comme le lion mais un *visage* qui parle de sa condition humaine et qui l'impose dans sa noblesse de personne.

C'est ce visage qui sert de fondement au personnalisme postmoderne. Je fais notamment allusion à l'humanisme de Lévinas qui dicte impérativement le «Tu ne tueras point» au nom du visage. A partir du visage et de ses spécificités, nous remontons à la personne, à sa respectabilité et à ses droits imprescriptibles que sont ses droits subjectifs. De ces droits est tributaire l'hospitalité d'aujourd'hui. Derrida commentant le livre de Lévinas *Totalité et Infini* parle de l'hospitalité ainsi: «...L'hospitalité devient le nom même de ce qui s'ouvre au visage, de ce qui plus précisément l' 'accueille'»[82].

L'hospitalité ne suggère ni l'intégration ni l'assimilation de l'autre qui est différent de nous. Elle est accueil et protection, car «le visage toujours se donne à un accueil et l'accueil accueille seulement un visage»[83]. Ainsi l'hospitalité ne saurait être «un chez soi» dans la demeure de l'autre mais le

---

[82] J. DERRIDA, *Adieu à Lévinas*, Paris, Galilée, 1997, p. 49.
[83] *Ibidem*.

lieu où le lien social avec l'autre n'est soumis à aucune dénaturation de sa personne. C'est le lieu qui appartient à l'authenticité du visage dans son intégrité historique. N'oublions point que le visage (*prosôpon*), au sens grec du terme, signifie également personne. Le visage annonce la personne dans sa réalité culturelle. A ce titre, l'intégration de la personne peut être l'accueil de l'hôte dans ma demeure sans défigurer pour autant son visage. Cet hôte est l'étranger, le *xénos* selon les Hellènes. Et l'idée d'hospitalité grecque repose sur la qualité sacrée de l'étranger, c'est-à-dire de l'homme accueilli.

Dans le contexte actuel, en parlant du *xénos* nous viserons l'immigrant. Transposons donc cette idée dans le monde d'aujourd'hui. Celui qui arrive même en situation irrégulière, personne vulnérable ou sinistrée, dans un pays étranger mérite, au nom de la souffrance humaine, d'être accueilli et secouru[84]. Formidable leçon de l'humanisme ancien que la conception d'un «Zeus suppliant»[85] qui se fâche contre ceux qui restent insensibles aux plaintes des étrangers qui souffrent[86]. Plus encore, la déesse

[84] Il y a donc une justice qui protège les hôtes, cf. EURIPIDE, *Hécube*, v. 715.
[85] ESCHYLE, *Les Suppliantes*, v. 346.
[86] ESCHYLE *Les Suppliantes,* v. 385-386: « Songes-y: le courroux de Zeus Suppliant attend tous ceux qui restent insensibles aux plaintes de qui souffre».

de la justice, *Thémis*, parèdre de Zeus[87], est qualifiée de «Suppliante»[88], personnifiant, suivant le cas, les différents aspects du roi des dieux.

Toutefois l'hôte ne saurait être mon otage, comme moi je ne dois pas être, au nom de la sacralité de l'hospitalité, l'otage de l'étranger ainsi que le veut le personnalisme lévinatien. Quant à nous, pour étudier et approfondir le multiculturalisme, nous suivons les leçons tirées de l'hospitalité hellénique. Remarquons d'abord comme préliminaire, que le terme hôte en français est très significatif à ce sujet. Hôte n'est pas seulement celui qui est accueilli mais aussi celui qui accueille. Cela implique des relations où chacun des hôtes a des droits et des devoirs, idée fondamentale chez les Anciens[89]. Un passage des *Suppliantes* de Euripide est très éclairant à ce propos: «Et d'abord, comme il sied au métèque, à sa ville adoptive il en causera jamais ennui, ni jalousie; il n'avait point l'humeur disputeuse qui rend odieux l'étranger et le citoyen même»[90]. Donc, si le non-autochtone a des droits qui sont issus des lois traditionnelles de la Grèce tout entière, les devoirs de l'hôte sont incontestables[91].

---

87 Cf. PYNDARE, *Olympiques*, viii, 28.
88 ESCHYLE, *Les Suppliantes*, v. 360.
89 EURIPIDÊ, *Hécube*, v. 794 et suiv.; v. 1243-1245.
90 EURIPIDE, *Les Suppliantes*, v. 892-895.
91 ESCHYLE, *Les Suppliantes*, v. 384-385.

D. Leçons d'éthique

Des leçons significatives de morale et de droit peuvent être dégagées de ce paysage.

Si le pays d'accueil concerné doit respecter les spécificités culturelles des immigrés, ceux-ci doivent, à leur tour respecter les valeurs qui sont attachées à l'identité nationale de ce pays. Si l'idée de nation fait de plus en plus place à celle de peuples, l'identité nationale constitue, malgré tout, un élément indispensable à l'identité des peuples. Il est vrai que l'identité individuelle ne désigne point une qualité figée car elle se construit sans cesse. Toutefois cette construction n'arrive pas *ex nihilo;* il y a des valeurs culturelles et historiques qui lui servent de socle.

L'Union européenne aspire à se faire une identité supranationale. Cela n'est possible que si son fondement devient le réceptacle de toutes les valeurs communes aux pays qui la composent. Plus encore, il y a une longue et laborieuse tâche à mettre en œuvre. Car chaque pays européen a sa propre culture et sa propre histoire. Il a forgé un passé auquel on ne peut pas renoncer sans subir des dégâts existentiels.

Il est certain, malgré tout, que deux traditions traversent l'histoire du vieux continent[92]. La tradition gréco-romaine et la tradition judéo-chrétienne[93]. On ne peut pas détacher l'histoire du peuple hébreux de la morale chrétienne si l'on veut comprendre et approfondir la dogmatique chrétienne et le message christique. De son côté, la Grèce a inspiré les grandes figures du christianisme comme Saint Jean et les Pères de l'Eglise. On voit donc l'évolution d'une morale et d'une culture juridique païenne s'imbriquer dans les idéaux chrétiens. Quant à Rome, dans l'élaboration de son droit qui est à la base des lois modernes, elle s'inspira grandement de la philosophie du *dikaion* (le droit grec) recherché notamment dans les écrits de Platon, des Stoïciens, et d'Aristote.

---

[92] Cf. *Les Racines de l'Identité Européenne* (sous la direction de . G.-F. DUMONT), Paris, Economica, 1999.

[93] Cf. les propos de Charles De Gaulle: *«C'est très bien qu'il y ait des Français jaunes, des Français noirs, des Français bruns. Ils montrent que la France est ouverte à toutes les races et qu'elle a une vocation universelle. Mais à condition qu'ils restent une petite minorité. Sinon, la France ne serait plus la France. Nous sommes quand même avant tout un peuple européen de race blanche, de culture grecque et latine et de religion chrétienne»* (Cité dans Alain Peyrefitte, *C'était de Gaulle*, t. 1, éditions de Fallois/Fayard, 1994, p. 52).

Dans la diversité des cultures européennes, il existe dès lors des valeurs qui complètent les unes les autres de sorte que la mosaïque culturelle de l'Europe reflète une unité harmonieuse dans la diversité. C'est à partir de cette mosaïque que l'on peut discuter la formation d'une identité européenne sans déformer l'image de chaque histoire nationale. Or l'identité n'est pas une invention; elle est continuité et perfection à partir éventuellement des valeurs diverses mais certainement compatibles entre elles. Dans ce contexte, le multiculturalisme peut devenir un dialogue fructueux pour l'enrichissement mutuel des nations. En revanche, il n'en va pas de même pour des horizons culturels irréconciliables lorsque des conceptions radicalement différentes les séparent[94].

Citons quelques exemples caractéristiques: l'amitié grecque (*philia*) sera reprise par le christianisme et deviendra amour dans la transcendance du moi pour l'autre. La liberté mesurée des Hellènes sera repensée par les Chrétiens comme libre arbitre, créateur de la personnalité à l'image de Dieu personnel. Plus encore, la liberté grecque forgée par la démocratie qui présente l'homme dans sa transparence existentielle occupe une place privilégiée dans les

---

[94] C. CALDWELL, *Réflexions on the Révolution In Europe: Immigration, Islam, and the West* , New York, Doubleday 2009.

républiques occidentales modernes. De leur côté, les droits de l'homme ont trait direct à l'homme dans la nudité de son visage et à ses activités publiques; de même[95] la nudité grecque, qui est foncièrement esthétique, inspira la laïcité comme une morale qui s'ouvre à tous et qui n'a rien d'obscur. Idée qui s'oppose foncièrement à la pudeur orientale qui favorise l'opacité. De plus, la jurisprudence postmoderne, fleuron des droits de l'hommes, remonte à l'idée de *jura prudentiae* de la tradition gréco-romaine.

Quand aux idéaux républicains, rappelons que la transparence, c'est le propre des régimes démocratiques postmodernes. Or la morale orientale dans sa pudeur rigoureuse n'arrive pas à se concilier avec cette transparence. Cela ne fait aucune équivoque dans le cas de la burqua qui met la femme à l'abri du regard public.

En outre, l'homme postmoderne est hautement tributaire des valeurs des Lumières. Les privilèges des castes et l'inégalité des sexes ne sauraient plus occuper leurs champs de vie et d'action. Dans l'espace européen, toute culture juridique qui prévoit des traitements inhumains et des châtiments infâmants est inadmissible pour toute personne humaine. Les Etats-membres de l'Europe ne sauraient forger une identité commune à partir des

---

[95] Les activités qui sont propres à l'homme en tant que membre de la cité, *politès*.

cultures qui se contredisent. Ce qui n'exclut point la communication et les échanges même si chacun se déploie dans son espace historique qui lui est propre[96].

En effet, l'hospitalité occidentale ne refuse nullement l'accueil de l'autre qui est différent, et à plus forte raison de l'étranger (ère) sinistré(e), mais pas sans conditions. Une minorité d'accueil ne devrait avoir la prétention de changer le cours naturel de la vie d'un pays qui suit ses traditions. Ainsi devient-il inadmissible de vouloir imposer des coutumes et des lois qui défigurent la vie nationale voire la bouleversent.

Tant l'Occident que l'Orient peuvent, chacun à sa manière, suivre le chemin qu'ils ont tracé dans l'histoire de l'humanité. Il se peut que leurs chemins s'entrecroisent. Dans ce cas, si une minorité est incapable de s'adapter au mode de vie du pays d'accueil, elle doit avoir la liberté de se rendre dans les lieux qui affirment ses racines et ses traditions. Il ne doit y avoir aucun pays d'accueil qui oblige ses immigrés à rester de force sur son sol ou bien de changer leur manière de vivre; cela aurait comme conséquence la perte de leur identité. La liberté de

---

[96] Cf. A.TOURAINE, *Can We Live Together? Equai and Difference*, Stanford, Stanford University Pre 2000.

choix est une vertu républicaine que l'Occident est fier de pratiquer, j'en suis certain. L'Occident n'oblige personne, comme il ne veut être obligé par personne, à changer son cours naturel des choses.

En d'autres termes, le communautarisme et le multiculturalisme peuvent être fructueux à condition que les immigrés usent et n'abusent pas de l'accueil d'un pays. Sinon le chemin de retour s'avère comme un moyen des plus efficaces pour le maintien de la cohésion sociale nationale et de la paix mondiale.

Enfin, nous ne devons pas omettre le fait qu'il y a des citoyens qui arrivent à transcender leur identité nationale et qui accommodent leur personne aux spécificités culturelles du pays d'accueil. Il ne s'agit ni de l'intégration ni de l'assimilation, mais de leur adaptation au moyen du choix de valeurs. Ces hommes créent ainsi une vie intérieure qui les empêchent, en tant qu'existences historiques, de dénaturer leur être, et cela surtout grâce à la capacité de mémoire qui caractérise le genre humain. En même temps, ils suivent le rythme de la vie publique sans entraver le fonctionnement de l'ordre social. Ils prêtent une attention particulière à leur mode d'être et d'agir en tant qu'agents positifs qui peuvent être utiles au pays d'accueil, tel le cas d'un nombre de citoyens très restreint d'une minorité culturelle.

Stamatios TZITZIS
Directeur de Recherche CNRS

Directeur adjoint de l'Institut de Criminologie
Université Panthéon –Assas (Paris II)
Professeur associé à l'Université laurentienne
(Canada)

Autres ouvrages juridiques parus aux éditions

BUENOS BOOKS INTERNATIONAL

WWW.BUENOSBOOKS.FR

Les Grandes Questions de La Philosophie Pénale, Stamatios Tzitzis , ISBN: 9782915495386

Le Citoyen, l'Ethique, la Sanction, De l'évolutionnisme social à l'humanisme pénal, Stamatios Tzitzis, ISBN: 978291549555-3

Droit Et Valeur Humaine, L'autre dans la philosophie du droit, de la Grèce antique à l'époque moderne, Stamatios Tzitzis, ISBN: 9782915495669

L'Obsolescence Du Droit D'Auteur Et de Sa Philosophie, Anna Mancini, ISBN : 9782915495171

Justice Et Internet, Une Philosophie Du Droit Pour Le Monde Virtuel, Anna Mancini, ISBN: 9782915495102

L'Obsolescence Du Droit Mondial Des Inventions, Anna Mancini, ISBN: 9782915495164,

Les Solutions de L'Ancien Droit Romain Aux problèmes Juridiques Modernes, l'exemple du droit des brevets d'invention, Anna Mancini, ISBN: 9782915495058

Maat, La Philosophie de La Justice de L'Ancienne Egypte, Anna Mancini, ISBN: 9782915495287
La Personnalité Juridique Dans L'Oeuvre de Raymond Saleilles, Anna Mancini, ISBN: 9782915495478

Traité de droit constitutionnel, Constitution universelle et mondialisation des valeurs fondamentales, Paulo Ferreira da Cunha, ISBN: 9782915495690

Philosophie Pénale, droit et Psychanalyse, Vassiliki-Piyi CHRISTOPOULOU, ISBN: 9782915495782

Droit Pénal et Droit de l'homme, La dignité en prison, genèse et avénement, C. Guastadini, ISBN: 9782915495805

Marxisme et Philosophie du Droit, Le cas Pasukanis, Bjarne Melkevik, ISBN: 9782915495676

La médiation pénale, une source d'humanisation de la justice, France Grou-Radenez, ISBN: 9782915495706

La médiation pénale, une source d'humanisation de la justice, France Grou-Radenez, ISBN: 9782915495706

Délinquance juvénile et discrimination sexuelle, Comprendre, prévenir et lutter contre le sexisme et l'homophobie à l'adolescence, Sébastien Carpentier,
ISBN: 9782915495867

www.ingramcontent.com/pod-product-compliance
Lightning Source LLC
LaVergne TN
LVHW050940080826
845145LV00004B/1345